나는 용감한 리더입니다

샐리니 밸리퍼 글 | 이계순 옮김

풀빛

샐리니 밸리퍼 글
영국 노리치에서 태어나고 자랐어요. 레스터 대학교에서 문학 학사 학위를 받고
문학 석사 과정까지 마친 뒤, 고향으로 돌아가 어린이책을 전문으로 쓰고 있어요.
남녀평등, 인종, 다양성에 관심이 많으며 지금까지 60권이 넘는 책을 썼어요.

이계순 옮김
서울대학교 간호학과를 졸업한 뒤, 어린이·청소년책 전문 번역가로 활동하고 있어요.
번역하여 풀빛에서 나온 책으로는 《지키지 말아야 할 비밀》《달에서 생일 파티를 한다면?》
《안전한 불 위험한 불》《유령》 그리고 〈공룡 나라 친구들〉 시리즈가 있어요.

이미지 출처

이 책에 실린 이미지의 출처는 따로 명시하지 않은 한 모두 Shutterstock.com입니다.
일부는 Getty Images, Thinkstock Photo 그리고 iStockphoto에서 도움을 받았습니다.

표지와 본문 인물들-asantosg, Forest Foxy, WINS86. 7쪽-Pajor Pawel, MilsiArT. 9쪽-creatifolio, siam sompunya.
10쪽-Elvina Kiyamova. 11쪽-sai design, awesome design studio. 13쪽-Alexander Korobov.
14쪽-Adrian Niederhaeuser. 15쪽-Julia Faranchuk, awesome design studio. 16~17쪽-primiaou, vladwel.
18쪽-Polina Valentina. 19쪽-Vitaly Korovin. 20쪽-Natasha Pankina. 21쪽-Bakhtiar Zein. 22쪽-Natasha Pankina.
23쪽-WindVector. 24쪽-artnLera. 25쪽-Arkadivna. 27쪽-VLADGRIN. 28쪽-Palau. 29쪽-Tetiana Yurchenko, robert_s.

차례

우리도 용감한 리더가 될 수 있어요! ·················· 4
윌리엄 윌버포스 ································· 6
해리엇 터브먼 ·································· 8
마하트마 간디 ·································· 10
로자 파크스 ··································· 12
넬슨 만델라 ··································· 14
만델라처럼 해 봐요 ······························ 16
안네 프랑크 ··································· 18
도린 로런스 ··································· 20
카일라시 사티아르티 ······························ 22
말랄라 유사프자이 ······························· 24
유사프자이처럼 해 봐요 ·························· 26
그레타 툰베리 ································· 28
또 다른 리더들 ································· 30
단어 설명 ···································· 31
찾아보기 ···································· 32

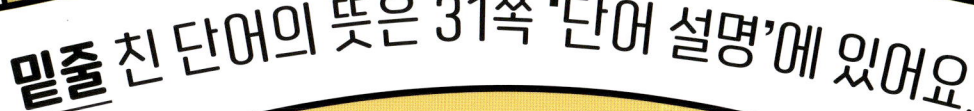

밑줄 친 단어의 뜻은 31쪽 '단어 설명'에 있어요.

우리도 용감한 리더가 될 수 있어요!

세상에는 아주 많은 사람이 살고 있어요.
우리 말에 귀 기울이게 하기란 불가능해 보일 만큼 말이에요.
그러나 사람들의 행동을 이끌어 세상을 바꾼 리더들은
널리 알리고 싶은 내용이나 지키고 싶은 중요한 가치가 있을 때
사람들을 귀 기울이게 하고 마음을 움직이게 할 방법을
열심히 찾아 왔어요.

리더들은 <u>캠페인</u>을 펼치기도 해요.
캠페인을 통해 생각이 다른 사람들도 같은 목표를 향해
함께 행동하도록 노력하지요. 때로는 <u>시위</u>를 벌여서
자신들의 생각을 세상에 널리 알리기도 해요.
시위는 옳다고 여기는 것을 지키려고 많은 사람이
공공장소에 모이는 거랍니다.

윌리엄 윌버포스
(1759~1833)

윌리엄 윌버포스는 영국에서 나고 자랐어요. 케임브리지 대학교에서 공부하며 정치에 관심이 생겼지요. 그 무렵 영국은 노예 무역을 했는데, 상인들은 노예 무역을 무척 좋아했어요. 돈을 많이 벌 수 있었거든요.

윌버포스는 기독교 신자였어요. 노예 무역을 하던 다른 기독교 신자들을 만났다가 이들이 경험한 이야기를 듣게 되지요. 윌버포스는 노예 제도가 잘못됐으며, 사람을 그렇게 잔인하게 다루면 안 된다고 생각했어요. 그래서 노예 제도에 반대하는 단체를 만들었어요. 영국을 비롯해 대영 제국 곳곳에서 이루어지는 노예 무역을 폐지하기 위해 캠페인을 벌였지요.

윌버포스는 캠페인을 20년 넘게 이어 갔어요. 연설을 하고 책을 쓰고 시위를 이끌면서 사람들이 노예 제도 폐지 운동에 주목하게 했지요. 많은 사람이 노예 제도 반대 단체를 지지하며 나섰어요. 그러나 대부분은 별 관심이 없었어요. 노예 무역을 하는 상인들은 아주 싫어했고요. 그래도 노예 제도 폐지를 주장하는 사람들은 포기하지 않았어요.

윌버포스는 몸이 점점 쇠약해졌어요. 그러던 1833년, 윌버포스가 세상을 떠나기 사흘 전 드디어 대영 제국에서 노예 제도가 폐지됐어요. 윌버포스의 노예 제도 폐지 캠페인은 이렇게 결국 성공했고, 노예들은 자유를 얻었어요.

해리엇 터브먼
(1820~1913)

아라민타 로스는 미국 메릴랜드주에서 태어났어요. 부모가 노예 신분이어서 로스도 태어날 때부터 노예였지요. 로스는 부모님과 함께 여덟 형제가 북적이는 작은 오두막에서 살았어요. 로스는 다섯 살쯤부터 일을 했는데, 농장에서 아주 부당한 대우를 받았어요. 먹을 건 조금밖에 얻지 못했고, 어쩌다 실수하면 얻어맞기 일쑤였어요.

원래 노예는 자유롭게 결혼할 수 없었어요. 그러나 로스는 존 터브먼이라는 자유 노예 신분의 흑인과 결혼하고 이름을 '해리엇 터브먼'으로 바꿨어요. 남편은 좋은 사람이 아니었고 결혼 생활은 행복하지 않았어요. 터브먼은 자기를 함부로 대하는 남편과 농장 주인들에게 완전히 질렸어요. 그래서 지하 철도 조직의 도움을 받아 메릴랜드주에서 탈출하기로 마음먹었어요. 터브먼은 노예 제도가 없는 북부 펜실베이니아주로 갔지요.

터브먼은 가족과 다른 사람들도 더는 노예로 살지 않기를 바랐어요. 터브먼은 지하 철도 조직에서 '차장'이라는 지도자가 되어, 남부 노예들을 북부로 안전하게 탈출시키는 일을 맡았어요. 많은 사람이 터브먼을 잡으려 했지만, 터브먼은 목숨 걸고 남부 노예들을 도왔어요. 이렇게 애쓴 덕분에 터브먼의 가족은 물론, 70명이 넘는 노예가 자유를 되찾을 수 있었답니다.

터브먼처럼 되고 싶다면
옳은 일을 할 때 두려워하지 마세요.

"나는 자유를 얻었어요. 그리고 다른 사람들도 자유를 얻어야 해요."

해리엇 터브먼

마하트마 간디
(1869~1948)

모한다스 간디는 인도에서 태어났어요. 그때 인도는 영국이 다스리던 대영 제국 가운데 하나였지요. 간디는 영국 런던으로 떠나 대학교에서 법률을 공부했어요. 대학을 졸업한 뒤에는 남아프리카 공화국으로 가서 변호사로 일했어요.

남아프리카 공화국에서 인도인은 백인과 다르게 심한 차별 대우를 받았어요. 이 모습을 통해 간디는 새로운 시각으로 세상을 보게 되고, 시민권에 관심이 생겼어요. 간디는 '사탸그라하' 운동을 펼쳤어요. 사탸그라하는 어떤 폭력도 쓰지 않으면서 저항하겠다는 뜻이에요. 수많은 사람이 사탸그라하 운동에 참여했고, 간디와 함께 평화 시위를 했어요. 사람들은 간디를 '마하트마'라고 불렀는데, 이는 '위대한 영혼'이라는 뜻이지요.

간디는 인도로 돌아갔어요. 그런데 가난한 인도인이 너무 많아 충격을 받았어요. 간디는 대규모 시위를 이끌어, 사람들에게 고통을 주는 불공정한 영국 법에 저항했어요. 또한 인도를 영국에서 독립시키기 위해 캠페인에 들어갔지요. 간디는 계급과 종교에 상관없이 모든 인도인이 함께 평화 시위를 해야 한다고 주장했어요. 수백만 명의 인도인이 간디와 뜻을 함께했고, 간디는 시위를 펼치다가 감옥에도 여러 차례 갇혔어요.

1947년, 드디어 인도는 영국의 지배를 벗어나 독립했어요. 그러나 여전히 문제가 남아 있었지요. 영국이 옛 인도를 인도와 파키스탄, 두 나라로 쪼갰거든요. 두 나라는 자주 싸웠어요. 간디는 싸움을 막으려고 애쓰다가 끝내 목숨을 잃었지만, 간디의 비폭력 평화 운동은 전 세계 많은 사람들에게 큰 영향을 주었어요.

"점잖은 방법으로도 얼마든지 세상을 뒤흔들 수 있답니다."
마하트마 간디

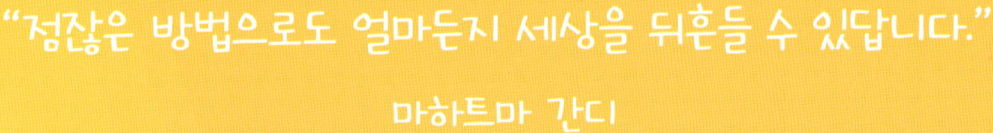

간디처럼 되고 싶다면
평화로운 방식으로 원하는 것을 말해 보세요.

로자 파크스
(1913~2005)

로자 매컬리는 미국 앨라배마주 몽고메리에서 자랐어요.
그 무렵 앨라배마주에는 인종 차별 법이 있었어요. 흑인은 백인이 다니는
학교나 도서관, 교회, 식당, 수영장에 갈 수 없었고, 음수대도 따로 써야 했어요.
매컬리는 레이먼드 파크스와 결혼하면서 이름을 '로자 파크스'로 바꿨어요.
레이먼드와 로자 파크스는 흑인으로서 마주하는 차별에 몹시 지쳐 버렸고,
이런 부당한 대우를 없애고자 미국 흑인 지위 향상 협회에 가입했지요.

로자 파크스는 매일 버스를 타고 출퇴근했어요. 몽고메리에서는 버스마저 흑인이
앉는 자리와 백인이 앉는 자리가 나뉘어 있어서 흑인은 뒤쪽에, 백인은 앞쪽에
앉았지요. 어느 날, 일을 마친 파크스는 버스에 올라타 흑인용 자리에 앉았어요.
버스가 곧 사람들로 꽉 차자 버스 운전사는 파크스에게 백인이 앉아야 하니
일어나라고 했어요. 원래 흑인이 앉는 자리가 맞는데도요.
이런 차별을 더는 참을 수 없었던 파크스는 꼼짝도 하지 않았어요.

파크스는 결국 체포되었고, 많은 흑인이 파크스의 행동에 큰 감명을 받았어요.
흑인들은 항의의 표시로 몽고메리에서 버스를 타지 않고 보이콧하기로 했어요.
이렇게 맞서 싸운 끝에 버스에서 흑인과 백인의 자리를 나누는 것은
잘못됐다는 판결을 이끌어 냈고, 로자 파크스는 미국 흑인 인권 운동 역사에
중요한 인물로 길이 남게 되었어요.

파크스처럼 되고 싶다면
부당한 대우에 당당히 항의하세요.

"누군가는 첫걸음을 내디뎌야 했습니다.
그래서 움직이지 않기로 마음먹었지요."

로자 파크스

넬슨 만델라
(1918~2013)

롤리흘라흘라 만델라는 남아프리카 공화국 어느 마을에서 태어났어요. 학교 선생님이 만델라에게 '넬슨'이라는 이름을 붙여준 뒤로 쭉 이 이름을 썼지요. 만델라는 법률을 공부하려고 큰 도시인 요하네스버그로 갔어요.

남아프리카 공화국에서 흑인은 인종 차별 정책 때문에 힘들게 살았어요. 투표를 할 수 없어서 법을 바꾸지도 못했지요. 만델라는 1944년에 '아프리카 민족 회의'라는 단체에 들어가 정부에 저항했지만, 1948년에 '아파르트헤이트' 정책이 통과되고 말았어요. 이 정책에 따라 흑인을 비롯한 유색인은 백인이랑 다른 지역에서 살아야 했어요. 백인이 이용하는 병원이나 학교 같은 공공시설에도 들어갈 수 없었고요.

아프리카 민족 회의는 아파르트헤이트 정책에 반대해 시위를 벌였어요. 만델라는 뛰어난 연설로 사람들의 지지를 이끌어 냈어요. 만델라는 간디가 펼친 평화로운 시위에서 아이디어를 얻었어요. 시위 중에 어느 누구도 다치지 않기를 바랐거든요. 하지만 백인 경찰들은 평화 시위를 하던 흑인들을 다치게 하고 심지어는 죽이기까지 했어요. 아프리카 민족 회의는 활동을 금지당했고, 만델라는 감옥에 갇혔어요.

만델라는 모두가 똑같은 권리를 가져야 한다는 믿음을 절대 버리지 않았어요. 그 믿음을 포기하면 바로 감옥에서 나올 수 있었는데도 말이에요. 만델라는 27년 동안 감옥에 있다가, 1990년에 드디어 풀려났어요. 1993년에는 <u>노벨 평화상</u>을 받았지요. 많은 사람이 만델라를 믿고 따랐고, 만델라는 남아프리카 공화국에서 첫 흑인 <u>대통령</u>이 되었답니다.

여성 참정권 운동가 팽크허스트

외쳤던 연설

넋은 만델라라는 자기가 왜 싸우는지 사람들에게 알리려고 수많은 연설을 했어요. 개인의 자유와 인권이 보장되는 사회를 만들기 위해 끊임없이 싸웠다고 전 세계를 향해 외쳤지요.

자기 의견이나 주장을 널리 알려야 할 때 연설은 아주 좋은 방법이에요. 여러분도 연설을 해서 더 세상을 더 멋있게 만들 수 있을까요? 아주 한 여성분해 어떤 문제를 해결해도 괜찮아요. 아주 거창한 문제에도 괜찮고 누구나 겪는 문제에도 괜찮아요.

완벽한 연설을 위한 도움말

- 여러분이 누구인지 소개해요. 어느 학교에 다니는지, 또는 어디에 사는지 알려 주면 좋아요.
- 바로잡고 싶은 문제가 무엇인지 말해요. 그 문제가 왜 나쁘다고 생각하는지 설명해 주세요.
- 문제를 해결하려면 어떻게 행동해야 하는지 알려 줘요.
- 너무 오랫동안 이야기하지 않게끔 조심해요. 아무리 좋은 연설도 길어지면 지루할 수 있거든요.

안네 프랑크
(1929~1945)

'안네'라는 이름으로 더 잘 알려진 아넬리스 마리 프랑크는
독일 유대인 가정에서 태어났어요. 아돌프 히틀러가 '나치'라는 단체에 들어가
권력을 차지한 뒤로 안네 가족은 독일에서 불안한 생활을 이어 갔어요.
히틀러는 유대인 때문에 여러 문제가 생겼다고 철석같이 믿었거든요.

안네 가족은 네덜란드로 망명해 안전하게 지낼 수 있었어요.
그러나 곧 제2차 세계 대전이 벌어졌고, 나치는 1940년에 네덜란드를 침략했어요.
나치는 유대인들을 잡아 강제 수용소로 보냈어요. 안네 가족은 나치를 피해
숨어 지낼 곳을 찾았어요. 작가가 되고 싶었던 안네는 이곳에서 일기장에
글을 쓰기 시작했어요. 보고 듣고 느낀 모든 것을 일기로 썼지요.
나치에게 들킬까 봐 얼마나 두려운지도 적었어요.

2년 동안 숨어 살던 안네 가족은 1944년에 나치에게 붙잡혀
강제 수용소로 보내졌어요. 안네 가족도 다른 유대인들처럼 낮에는 힘들게 일하고
밤에는 차가운 방에서 자야 했고, 결국 안네는 병에 걸려 죽고 말았지요.

안네 가족 중에서는 아빠만 살아남았어요. 전쟁이 끝나고 안네가 쓴 일기를 발견한
아빠는 이 일기장을 책으로 냈어요. 이렇게라도 안네의 꿈을 이루어 주고 싶었거든요.
안네의 일기에는 안네가 들려주고 싶어 했던 이야기가 담겨 있어요.
안네의 이야기를 통해 사람들은 인권과 평화를 다시금 생각해 보았고,
지금도 안네의 목소리를 귀 기울여 듣고 있답니다.

안네처럼 되고 싶다면 절대 꿈을 포기하지 마세요.

"누구에게 입을 다물라고 말할 수는 있어요.
하지만 그 사람이 생각하고 자기 의견을 지니는 것까지
막을 수는 없지요. 아주 어린 아이라도 자기 생각을
말하지 못하게 막아서는 안 돼요."

안네 프랑크

도린 로런스
(1952~)

도린 로런스는 자메이카에서 태어나 영국 런던에서 자랐어요. 네빌 로런스와 결혼해 아이를 셋 낳았는데, 첫째 아들인 스티븐은 꿈이 많은 아이였어요. 건물을 디자인하는 건축가도 되고 싶어 했지요. 그러던 1993년, 스티븐은 버스를 기다리다가 그저 흑인이라는 이유로 열여덟 살 나이에 살해당했어요.

로런스 가족은 죽은 스티븐을 위해서 <u>정의</u>를 실현하고 범인도 찾기를 바랐어요. 하지만 어쩐지 경찰이 사건을 제대로 조사하지 않는 것 같았어요. 로런스 가족에게 공정하지 않아 보였고요. 영국에 사는 다른 흑인 청소년들이 목숨을 잃었을 때도 경찰이 대충 수사했다는 사실을 알게 된 로런스는 희생자들을 위해 끝까지 진실을 밝히기로 했어요.

로런스는 스티븐 사건을 다시 조사해야 한다고 캠페인을 벌였어요. 로런스는 스티븐처럼 억울하게 죽는 사람이 생기지 않기를 바랐어요. 자기들처럼 고통받는 가족이 더 나와서는 안 된다고 생각했지요. 많은 사람이 로런스의 목소리를 귀담아들었고, 드디어 조사가 다시 이루어졌어요. 범인은 결국 붙잡혔고, 인종 차별주의적인 영국 법률도 바뀌었지요. 로런스는 지금도 정의를 위해 꾸준히 싸우고 있어요. 또 '스티븐 로런스 재단'을 만들어 청소년들이 꿈을 이룰 수 있게끔 돕고 있답니다.

로런스처럼 되고 싶다면
마음이 아프더라도 피하지 말고 당당히 맞서세요.

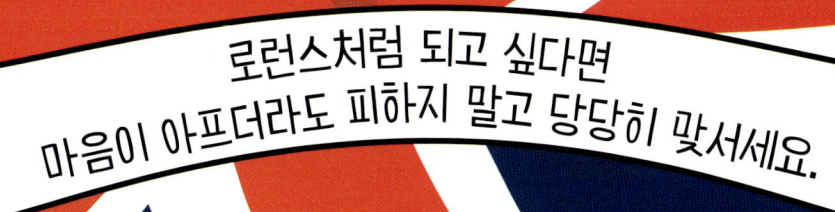

"눈을 감고 모른 척할 수도 있었습니다.
하지만 나는 그런 사람이 아니지요."

도린 로런스

카일라시 사티아르티
(1954~)

카일라시 샤르마는 인도에서 태어났어요. 어느 날, 학교에 가려고 집을 나서던 샤르마는 깜짝 놀랐어요. 또래 남자아이가 현관 앞에서 신발을 고치고 있었거든요. 그 아이는 가난해서 학교에 가지 못하고 일을 해야 했어요. 샤르마는 그 아이도 자기처럼 학교에 가야 한다고 생각했어요. 샤르마는 가난한 아이들의 학비를 마련해 주려고 학교에서 축구팀을 꾸려 돈을 모았어요. 그리고 형편이 어려운 학생들에게 교과서를 나눠 주는 교과서 은행을 만들려고 캠페인도 펼쳤지요.

샤르마는 대학교를 졸업하고 어느 출판사에서 일했어요. 그 출판사는 인도인들이 많이 믿는 종교인 힌두교에 변화가 필요하다고 주장하는 책을 주로 펴냈지요. 샤르마는 자연히 힌두교 개혁 운동에 관해 많이 알게 됐고, 카스트 제도가 왜 사라져야 하는지도 깨달았어요. 샤르마는 성을 '사티아르티'로 바꿨어요. 사티아르티는 힌디어로 '빛'이라는 뜻이랍니다.

사티아르티는 학교에 가는 대신 일을 해야만 하는 아이들이 걱정됐어요. 사티아르티는 곧장 행동에 나섰어요. '아이들을 구하자'라는 자선 단체를 만들어 일터로 내몰리는 아이들을 도왔지요. 이 일은 위험해서 사람들이 다치기도 했지만, 이러한 노력 덕분에 수천 명의 아이가 아동 노동에서 벗어날 수 있었어요. 사티아르티는 인도에서 아이들을 도운 공로를 인정받아 노벨 평화상을 받았어요.

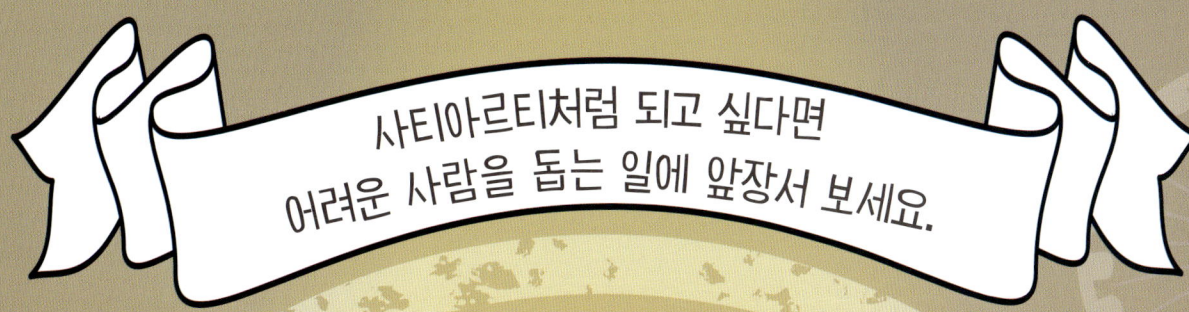

사티아르티처럼 되고 싶다면
어려운 사람을 돕는 일에 앞장서 보세요.

"아직도 해야 할 일이 많아요.
그렇지만 아동 노동은 내가 살아 있는 동안에
반드시 사라지게 할 겁니다."

카일라시 사티아르티

말랄라 유사프자이
(1997~)

말랄라 유사프자이는 파키스탄에서 태어났어요. 선생님인 아빠는 유사프자이가 학교에서 열심히 공부할 수 있게 늘 용기를 북돋았어요. 그러나 곧 학교에 가지 못하는 날이 많아졌어요. 유사프자이가 사는 지역에 '탈레반'이라는 단체가 총을 들고 들어와 사람들을 해치고 억압했거든요. 여자아이들은 학교에도 못 가게 했어요. 유사프자이는 교육은 모든 아이에게 중요하다고 믿었어요. 그래서 주변에서 일어난 일들을 블로그에 올렸는데, 그 블로그가 전 세계 사람들의 눈길을 끌었어요.

탈레반은 이 상황이 마음에 들지 않았어요. 블로그에 글을 쓴 사람이 유사프자이라는 사실을 알아낸 탈레반은 수업을 마치고 학교 버스에 탄 유사프자이를 총으로 쐈어요. 기적적으로 목숨을 건진 유사프자이는 이런 일을 겪은 뒤에도 결코 움츠러들지 않았어요. 오히려 더 많은 사람을 북돋우려고 연설을 시작했지요. 유사프자이는 세계 곳곳에 학교를 세웠어요. 교육이 더 나은 세상을 만들 거라고 믿었거든요.

유사프자이는 열일곱 살에 노벨 평화상을 받았어요. 2014년까지의 수상자 가운데 가장 어린 나이였지요. 유사프자이는 계속 목소리를 높이면서 전 세계 어린이의 교육을 위해 끊임없이 애쓰고 있어요. 사람들은 유사프자이가 하는 이야기에 귀를 쫑긋 세우고 있답니다.

유니세프처럼 유니 아나운서

응원글 전달하기

유니세프에는 온 세상 아이들이 먼 학교에 가야 한다고 하죠. 그래서 전 세계에 도움 주는 글을 보내는 생각을 한답니다.

여러분도 유니세프처럼 도움이 필요한 아이들에게 응원의 글을 써보는 것은 어떨까요? 세상에 있는 모든 아이들이 여러분처럼 밝게 웃을 수 있도록 응원의 글을 보내보세요.

블로그 만들기

- 주인어 이름을 블로그 이름으로 해요.
- 블로그에 어떤 글을 올릴지, 제목은 무엇으로 할지 정해요.
- 블로그 이름을 정해요.
- 여러분이 만약 블로그를 만든다면 어떤 이름을 붙일까요? 여러분이 만들고 싶은 블로그 이름과 그 블로그에 어떤 글을 올릴지 적어보아요.

그레타 툰베리
(2003~)

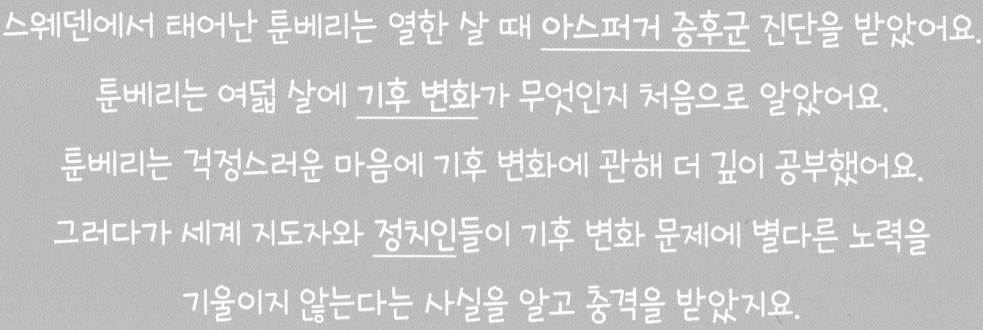

스웨덴에서 태어난 툰베리는 열한 살 때 아스퍼거 증후군 진단을 받았어요. 툰베리는 여덟 살에 기후 변화가 무엇인지 처음으로 알았어요. 툰베리는 걱정스러운 마음에 기후 변화에 관해 더 깊이 공부했어요. 그러다가 세계 지도자와 정치인들이 기후 변화 문제에 별다른 노력을 기울이지 않는다는 사실을 알고 충격을 받았지요.

툰베리는 기후 변화를 막기 위해 자기부터 행동에 나서기로 했어요. 먼저 지구를 위해 채식주의자가 되었고, 엄마를 설득해 앞으로는 비행기를 타지 않기로 했어요. 그래도 해야 할 일이 많이 남아 있었어요. 툰베리는 밖으로 나가 팻말을 들고 전단을 돌리며 혼자 시위를 벌였어요. 그러자 다른 아이들도 학교를 빠지고 툰베리의 시위에 참가하기 시작했지요. 시위는 점점 커졌어요. 툰베리는 마음이 불편하면 입을 꽉 닫아 버리는 선택적 함구증이 있었지만, 용기를 내 수많은 사람 앞에서 연설을 했어요.

툰베리는 전 세계 학생들에게 자기와 함께 시위하자고 요청했어요. 정치인들이 행동에 나서게끔 설득해 기후 변화를 막자면서요. 2019년, 100여 개 나라의 학생 수천 명이 세계 곳곳에서 툰베리를 지지하며 시위에 참여했어요. 그러자 많은 정치인과 지도자들이 학생들의 목소리에 귀를 기울였고, 앞으로 해결책을 찾아 행동에 나서겠다고 약속했어요.

툰베리처럼 되고 싶다면
직접 나서서 문제를 해결해 보세요.

"우리에게 필요한 것은 희망이 아니라
더 많은 행동입니다. 일단 행동에 나서면
희망은 따라오게 되어 있어요."

그레타 툰베리

또 다른 리더들

세상을 바꾼 중요한 목소리를 낸 사람들을 더 살펴보아요.

윈스턴 처칠
(1874~1965)

윈스턴 처칠은 제2차 세계 대전이 벌어지던 1940년에 영국 **총리**가 되었어요. 희망이 전부 사라진 것처럼 느껴졌을 때, 처칠은 연설을 통해 사람들에게 용기를 불어넣었지요. 또한 이전 총리들이 주저하느라 내리지 못한 결정도 과감히 실행에 옮겼어요. 처칠의 이러한 행동은 영국과 **연합국**이 승리하는 데 많은 도움을 주었어요.

클라우디아 존스
(1915~1964)

클라우디아 존스는 트리니다드 카리브해 섬에서 태어났어요. 영국 런던으로 이사한 뒤, 그곳에 사는 카리브해 사람들의 권리를 지키려고 싸웠지요. 그 무렵 런던에서 백인과 카리브해 사람들은 사이가 좋지 않았거든요. 존스는 다 함께 사이좋게 지낼 수 있게 **노팅힐** 카니발을 열었어요. 덕분에 다양한 사람들이 카리브해 문화를 즐기면서 서로를 이해하고 하나로 어우러졌어요.

버락 오바마
(1961~)

버락 오바마는 2009년에 미국에서 처음으로 흑인 대통령이 되었어요. 정치인이 되기 전에는 변호사로 활동했고요. 청중을 휘어잡는 멋진 연설로 인종을 뛰어넘어 폭넓은 지지를 받았어요. 대통령이 되고 나서는 국제 평화를 위해 힘썼고 노벨 평화상을 받기도 하였어요.

소니타 알리자데
(1996~)

소니타 알리자데는 아프가니스탄에서 태어났어요. 가족은 돈이 필요해서 겨우 열여섯 살인 알리자데를 얼굴도 모르는 남자와 결혼시키려 했지요. 알리자데는 <딸을 팝니다>라는 **랩**을 써서 온라인에 올렸어요. **조혼**이 아이들에게 얼마나 나쁜 영향을 주는지, 자기가 어떤 감정을 느끼는지 음악을 통해 이야기해서 사람들이 귀 기울이게 했어요.

단어 설명

강제 수용소	사람들을 한곳에 가두고 힘든 일을 억지로 시키는 시설. 종종 사람이 죽기도 해요.
기후 변화	어떤 지역에서 오랜 기간 나타났던 기온이나 바람 등의 날씨가 점점 변하는 현상
노벨 평화상	인류 평화에 가장 많은 도움을 준 사람이나 단체에 주는 상
노예	자유를 빼앗겨 다른 사람이 시키는 대로 일해야 하는 사람
노예 무역	노예를 물건처럼 사고파는 일
노예 제도	사람들이 노예를 자기 물건처럼 다루어도 아무 문제가 없는 제도
노팅힐 카니발	1년에 한 번 영국 런던의 노팅힐에서 열리는 큰 행사
대영 제국	영국이 지배하는 나라나 지역
대통령	정부의 책임자로 한 나라를 대표하는 사람
독립	어떤 나라가 다른 나라에 지배당하지 않는 상태
랩	강렬하고 반복적인 리듬에 맞춰 읊듯이 노래하는 음악
망명	정치적인 이유로 인한 위험을 피해 다른 나라로 떠나는 일
미국 흑인 지위 향상 협회	미국에서 가장 오래된 흑인 인권 단체
법률	국가의 강제력이 따르는 사회 규범
보이콧	여러 사람이 어떤 것을 하지 않거나 쓰지 않으면서 항의하는 일
블로그	관심사에 따라 자유롭게 글을 올리는 웹 사이트
시민권	사람이라면 누구나 자유를 누리고 동등하게 대우받을 수 있는 권리
시위	많은 사람이 공공장소에서 특정한 뜻을 내보이는 행동
아동 노동	아이들이 학교에 가지 못하고 일하러 나가야 하는 것
아스퍼거 증후군	주로 한 문제만 집중해서 내내 생각하는 정신과 질환
억압	자기 뜻대로 자유로이 행동하지 못하게끔 억누르는 일
연합국	제2차 세계 대전 동안 독일, 이탈리아, 일본에 맞서 같은 편이었던 나라들
자선 단체	어려움에 놓인 사람을 도와주는 단체
전단	사람들에게 나눠 줄 목적으로 만든 종이. 어떤 정보가 담겨 있어요.
정의	진리에 맞는 올바른 도리
정치인	나라를 다스리는 일을 맡아서 하는 사람
제2차 세계 대전	1939년부터 1945년까지 벌어진 아주 큰 전쟁
조혼	어린 나이에 일찍 결혼하는 것
지하 철도	미국 남부 노예를 안전한 곳으로 탈출시키려고 만든 비밀 조직
채식주의자	동물성 제품을 먹거나 쓰거나 입지 않는 사람
총리	한 나라 정부의 지도자
침략	다른 나라를 공격하고 쳐들어가는 것
카스트 제도	가족의 신분에 따라 사회적 위치가 정해지는 인도의 계급 제도
캠페인	사회, 정치적 목표를 향해 계획을 세워 지속적으로 펼치는 운동
폐지	무엇인가를 멈추게 하거나 없애는 것

찾아보기

ㄱ
권리 5, 14, 30
기후 변화 28

ㄴ
남아프리카 공화국 10, 14
노벨 평화상 14, 22, 24, 30
노예 제도 6, 8

ㄷ
대통령 14, 30

ㄹ
랩 30

ㅁ
미국 흑인 지위 향상 협회 12

ㅂ
법률 10, 14, 20
보이콧 12
블로그 24, 26~27

ㅅ
시위 4, 6, 10, 14, 28

ㅇ
아동 노동 22, 23
아파르트헤이트 14
연설 6, 14, 16~17, 24, 28, 30
영국 6, 10, 20, 30
인도 10, 22
일기장 18

ㅈ
자선 단체 22
제2차 세계 대전 18, 30
조혼 30
지도자 8, 28
지하 철도 8

ㅋ
캠페인 4, 6, 10, 20, 22

ㅍ
파키스탄 10, 24

ㅎ
흑인 8, 12, 14, 20, 30

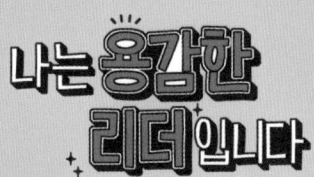

초판 1쇄 발행 2021년 8월 20일
글쓴이 샬리니 밸리퍼 | **옮긴이** 이계순
펴낸이 홍석 | **이사** 홍성우 | **편집부장** 이정은
편집 차정민·이은경 | **디자인** 서은경 | **교정교열** 김미경
마케팅 이송희·이가은·한유리 | **관리** 최우리·김정선·정원경·홍보람·조영행
펴낸곳 도서출판 풀빛 | **등록** 1979년 3월 6일 제2021-000055호
주소 서울특별시 강서구 양천로 583 우림블루나인 A동 21층 2110호
전화 02-363-5995(영업) 02-362-8900(편집) | **팩스** 070-4275-0445
전자우편 kids@pulbit.co.kr | **홈페이지** www.pulbit.co.kr
블로그 blog.naver.com/pulbitbooks | **인스타그램** instagram.com/pulbitkids

ISBN 979-11-6172-378-5 77990

I CAN BE HEARD by Shalini Vallepur

Copyright ⓒ 2021 Booklife Publishing
All rights reserved.
Korean translation copyright ⓒ 2021 Pulbit Publishing Co.
Korean translation rights are arranged with Booklife Publishing through B.K. Norton and AMO Agency.

이 책의 한국어판 저작권은 AMO에이전시를 통해 저작권자와 독점 계약한 도서출판 풀빛에 있습니다.
저작권법에 의해 한국 내에서 보호를 받는 저작물이므로 무단 전재와 무단 복제를 금합니다.

*책값은 뒤표지에 표시되어 있습니다.
*파본이나 잘못된 책은 구입하신 곳에서 바꿔 드립니다.

품명 아동 도서 **사용연령** 5세 이상 **제조국** 대한민국 **제조년월** 2021년 8월 20일 **제조자명** 도서출판 풀빛
연락처 02-363-5995 **주소** 서울특별시 강서구 양천로 583 우림블루나인 A동 21층 2110호
주의사항 종이에 베이거나 긁히지 않도록 조심하세요. 책 모서리가 날카로우니 던지거나 떨어뜨리지 마세요.
KC마크는 이 제품이 공통안전기준에 적합하였음을 의미합니다.